भगवदज्जुकम् और धूर्त्तसमागम

भगवदज्जुकम् और धूर्त्तसमागम

(दो संस्कृत प्रहसन)

अनुवाद

इंदुजा अवस्थी

कार्तिक अवस्थी

वाणी प्रकाशन

प्रकाशन के उत्कृष्टतम 62 वर्ष

पहला संस्करण : 2002
दूसरा संस्करण : 2025

vaniprakashan.com

वाणी प्रकाशन

4695, 21-ए, दरियागंज, नयी दिल्ली-110 002

फ़ोन : + 91 11 23273167, 23275710

शाखाएँ

अशोक राजपथ, पटना-800 004, बिहार

कॉफ़ी हाउस कैम्पस, महात्मा गांधी मार्ग, प्रयागराज-211 001, उत्तर प्रदेश

महात्मा गांधी अन्तरराष्ट्रीय हिन्दी विश्वविद्यालय, वर्धा-442 001, महाराष्ट्र

sales@vaniprakashan.in
vaniprakashan@gmail.com

Bhagavadajjukam Aur Dhurtsamagam
Translated by Induja Awasthi, Kartik Awasthi

ISBN : 978-81-7055-167-6

मूल्य : ₹ 250

जी.एस. ऑफ़सेट, दिल्ली-110 095 में मुद्रित

वाणी प्रकाशन का लोगो मक़बूल फ़िदा हुसैन की कूची ः

प्राक्कथन

भगवदज्जुकम् और धूर्त्तसमागम संस्कृत के दो प्रहसन हैं जिनको लेकर हम आपके सम्मुख उपस्थित हो रहे हैं। भगवदज्जुकम् 7वीं शताब्दी में बोधायन द्वारा लिखा गया, पहले इसकी प्रस्तुति कूडिअट्टम् में होती रही थी, वहीं से इसके संबंध में पता चला, तबसे इसकी अनेक प्रस्तुतियां संस्कृत में और विभिन्न भाषाओं में अनुवाद में होती रही हैं। धूर्त्तसमागम तेरहवीं शताब्दी में श्री ज्योतिरीश्वर द्वारा लिखा गया। यह वह समय था जब अपभ्रंश के पश्चात् देशी भाषाओं का उदय हो रहा था, इसी से ज्योतिरीश्वर ने धूर्त्तसमागम में मैथिली के गीतों का समावेश भी किया।

समय के इतने अंतराल के बावजूद इन दोनों प्रहसनों या संगीतकों के पात्र मिलते-जुलते हैं। इसका प्रमुख कारण तो यही है कि संस्कृत में संकीर्ण प्रकार के प्रहसन में वेश्या, धूर्त्त, लंपट और चोर जैसे पात्र अवश्य रखे जाते हैं। इन दोनों प्रहसनों में साधु और उनके शिष्य प्रमुख पात्र हैं। इनके माध्यम से धर्म के झूठे दंभ का उपहास किया गया है। इससे स्पष्ट होता है कि सातवीं शताब्दी से तेरहवीं शताब्दी तक की इस लंबी कालावधि में समाज के धूर्त्त और दंभी वंचकों की ओर नाट्यकारों का ध्यान जाता रहा और उन्होंने समाज की उन बुराइयों पर ध्यान आकृष्ट करवाया।

भगवदज्जुकम् की कथा बहुत रोचक है। परिव्राजक अपने शिष्य शांडिल्य को अपनी योग विद्या की कुशलता दिखाने और आत्मा के बारे में समझाने के लिए अपनी आत्मा उपवन में आई हुई सर्पदंश से मृत अज्जुका वसंतसेना के मृत शरीर में डाल देता है। यमदूत, जो भूल से इस वसंतसेना के प्राण हर ले गया था, आकर परिव्राजक की युक्ति को समझकर परिहासपूर्वक वसंतसेना के प्राण परिव्राजक भगवत् के शरीर में डाल देता है

और इस प्रकार कुछ समय के लिए भगवत् और अज्जुका के मेल से बड़ी रोचक परिस्थिति बन जाती है जो इसके नाम को सार्थक करती है।

धूर्त्तसमागम के सभी पात्र एक से एक बढ़कर धूर्त्त हैं और इसका नाम धूर्त्तसमागम बहुत ही उपयुक्त है।

प्रहसन को संगीतक भी कहते हैं इससे हमें लगा कि धूर्त्तसमागम में तो गीत हैं ही, भगवदज्जुकम् में भी कुछ गीत जोड़ दिए जाएँ तो इसका आकर्षण बढ़ जाएगा।

आशा है यह दोनों प्रहसन नाटक करने वालों को आकर्षित करेंगे और इनके संगीत तत्त्व के प्रयोग से प्रस्तुति अधिक रोचक बन सकेगी।

इंदुजा अवस्थी
कार्तिक अवस्थी

भगवदज्जुकम्

(नांदी के पश्चात् सूत्रधार का प्रवेश)

सूत्रधार :

(शिव सबके द्वारा पूजित चरण तुम्हारी रक्षा करें–वे चरण जिन पर देवराज इंद्र की मुकुटमणि नमित है, और उन्हीं चरणों की अंगुंष्ठा मात्र से रावण जैसे महायोद्धा को दमित किया गया था!)

यही तो मेरा घर है, प्रवेश करता हूँ–**(प्रवेश करते हुए)** विदूषक, विदूषक!

(विदूषक का प्रवेश)

विदू. : आर्य मैं यह हूँ...

सूत्र : यदि आसपास कोई न हो तो मैं तुम्हें एक मंगल समाचार सुनाना चाहता हूँ

विदू. : सुनाइए आर्य! **(इधर-उधर देखकर)** घर में तो कोई नहीं है!

सूत्र. : सुनो, आज जैसे ही मैं नगर से बाहर जा रहा था मुझे गणना करने वाला ज्योतिषी मिला, उसने कहा आज से सातवें दिन तुम राजा और उसके परिवार के सामने नाटक प्रस्तुत करोगे! राजा अत्यधिक प्रसन्न होकर तुम्हें पुरस्कृत करेंगे और तुम बहुत धनी हो जाओगे! उस ब्राह्मण की बात को सच मानकर मैं संगीतक का आयोजन करने का विचार कर रहा हूँ!

विदू. : आर्य कौन-सा नाटक प्रस्तुत करने का विचार कर रहे हैं?

सूत्र. : यही तो चिंता का विषय है। नाटक दस प्रकार के हैं–वार, ईहामृग, डिम, समवकार, व्यायोग, भाण, संल्लाप, वीथी, उत्सृषिटकांक, प्रहसन आदि! इन सबमें मुझे हास्य रस ही

अधिक लोकप्रिय जान पड़ता है, इसी से मैं प्रहसन ही प्रस्तुत करूँगा!

विदू. : आर्य मैं प्रहसन के बारे में कुछ नहीं जानता!

सूत्र. : तो सीखो—क्योंकि बिना शिक्षा पाए कुछ जानना संभव ही नहीं होता!

विदू. : तो आर्य ही मुझे बताइएँ!

सूत्र. : बहुत अच्छा—
जब तुम ज्ञान प्राप्ति के इच्छुक हो तो सन्मार्ग पर चलने वाले मुझ गुरु का अनुसरण करो

(नेपथ्य से)

शांडिल्य! शांडिल्य!

सूत्र. : **(सुनकर)** वैसे ही जैसे परिव्राजक योगीश्वर का शिष्य उनका अनुसरण करता है।

(दोनों का प्रस्थान)

(आमुख समाप्त)

(परिव्राजक का प्रवेश)

परिव्रा. : शांडिल्य! शांडिल्य! **(पीछे देखकर)** दिखाई ही नहीं देता! अज्ञानी के योग्य ही यह आचरण है! कहा भी है—यह देह तो रोगों का घर ही है, वृद्धावस्था के वश में है, और छिपी हुई मृत्यु के किनारे पर उसी तरह स्थित है जैसे नदी की लहरों के घात प्रतिघातों से जर्जर वृक्ष! बड़े पुण्य से मिली यह मानव देह है परंतु भौतिकता से प्रभावित, शक्ति, सौंदर्य और तारुण्य से गर्वित मानव इन कठिन दोषों के प्रति अंधा हो जाता है! इसलिए इस बेचारे को क्या दोष दिया जाए, एक बार फिर बुलाता हूँ! शांडिल्य! शांडिल्य!

(शांडिल्य प्रवेश करता है)

शां. : अरे एक तो मैं ऐसे परिवार में जन्मा जहाँ हम सभी काग तक को भूनकर खा जाते थे! सभी पूरी तरह निरक्षर भट्टाचार्य थे, यद्यपि यज्ञोपवीत धारण करते थे और अपने ब्राह्मणत्व पर

बहुत गर्व भी करते थे!

दूसरे हमारे घर में खाने को था ही नहीं तो भूखा ही रहना पड़ता था! यह सोचकर कि कम से कम सवेरे भोजन मिला करेगा मैं बौद्ध भिक्षु बन गया, पर बौद्ध भिक्षु दिन में एक ही बार भोजन करते हैं, इससे मैंने बौद्ध धर्म छोड़ दिया! अपना गेरुआ चोला फाड़ फेंका, भिक्षापात्र तोड़ दिया और केवल छाता लेकर चला आया!

और अब इस दुष्ट आचार्य के भार से पीड़ित इसका बोझ उठाने वाला गर्दभ बन गया हूँ!

अब यह भगवत् चले कहाँ गए! आखिर इनके मन में है क्या? मुझे तो लगता है कि यह साधु अपना प्रातराश ढूँढ़ने भिक्षा माँगने निकल गया है! तो मैं इसे ढूँढ़ता हूँ!—यह हैं भगवत्—क्षमा करें, क्षमा करें, भगवत्!

परिव्रा. : शांडिल्य! डरो नहीं, डरो नहीं!

शां. : भगवत् अपने सुख में डूबी हुई उत्सवपरिपूर्णा पृथ्वी पर भिक्षा किस प्रकार माँगी जाए?

परिव्रा. : सुनो—

अपराध की चिंता किए बिना, बिना किसी गर्व से अपने जीव की रक्षा के लिए भिक्षा माँगता हुआ मैं संसार में बिना किसी चिंता के ऐसे डोलता हूँ जैसे सागर मच्छों की परवाह किए बिना कोई सागर को पार करने का प्रयास करता है!

शां. : हे भगवत्!

मेरा अपना तो कोई नहीं है न भाई न पिता केवल आपका आशीर्वाद ही तो है! मैं साधु बना हूँ तो केवल भोजन की कमी के कारण किसी पुण्य लाभ की इच्छा से नहीं!

परिव्रा. : शांडिल्य! यह क्या?

शां. : आप ही तो कहते हैं कि अतीत की घटनाओं से संबंध अवास्तविक हैं?

परिव्रा. : और क्या! अवास्तविक को वास्तविक समझना ऐसे संबंधों का सृजन करता है!

यदि कोई व्यक्ति अपनी इच्छाओं पर नियंत्रण रख कर सुविचारित

और अभीष्ट कर्म पर अपने को लगाता है तो देवता भी उसके कर्मफल की रक्षा करते हैं!

शां. : मानव को उसका कर्म फल कैसे प्राप्त होता है?

परिव्रा. : तभी मिलता है जब कामना और संपन्नता के प्रति उदासीनता हो जाती है!

शां. : वह कैसे होती है?

परिव्रा. : वैराग्य का भाव प्राप्त करके–

शां. : वैराग्य कैसे प्राप्त होता है?

परिव्रा. : असंग से!

शां. : मैं पूछता हूँ असंग क्या होता है?

परिव्रा. : राग द्वेष के बीच की स्थिति–कहा है–
सुख और दुख को समान समझना, भय और हर्ष में एक-सा बने रहना, मित्र और अमित्र में समान भाव रखना इसी मनःस्थिति को तत्त्वज्ञानी असंग कहते हैं!

शां. : पर मैं तो फिर पूछता हूँ यह है क्या?

परिव्रा. : इसकी कोई संज्ञा नहीं है!

शां. : क्या आप मानते हैं कि इस असंग की स्थिति को पाया जा सकता है?

परिव्रा. : निःसंदेह!

शां. : यह झूठ है–

परिव्रा. : ऐसा क्यों कहते हो?

शां. : ऐसा नहीं है तो आप मुझ पर क्रोध क्यों करते हैं?

परिव्रा. : तुम पढ़ते नहीं हो इसलिए!

शां. : आप तो मुक्त पुरुष हैं, मैं पढ़ूँ या न पढ़ूँ इससे आप को क्या?

परिव्रा. : ऐसा नहीं है! अपने शिष्य की ताड़ना उचित मानी गई है! इसी से मैं कुपित न होने पर भी तुम्हें मारता हूँ!

शां. : आश्चर्य है आप बिना क्रोध के भी मेरी ताड़ना करते हैं! अच्छा अब यह कथा समाप्त करें, भिक्षा की वेला बीती जाती है!

परिव्रा. : मूर्ख! अभी तो सवेरा ही है, दोपहर तो हुआ नहीं! जब मूसल रख दिया जाता है और रसोई की आग बुझा दी जाती है

परिवार के सभी जन भोजन कर चुकते हैं, तब भिक्षा के लिए उचित समय होता है! इसलिए जब तक हम लोग विश्राम के लिए इस उद्यान में प्रवेश करें!

शां. : वाह, भगवत् अपनी प्रतिज्ञा तो भूल ही गए!

परिव्रा. : सो कैसे?

शां. : आपके लिए सुख-दुख तो समान ही है न?

परिव्रा. : क्यों नहीं मेरी आत्मा के लिए सुख-दुख समान हैं पर मेरी कर्मात्मा यह शरीर आराम की इच्छा करता है!

शां. : भगवत् यह तो बताइए कि आत्मा क्या है और कर्मात्मा क्या है?

परिव्रा. : सुनो–

गहरी नींद में आकाश में उड़ती है वह है आत्मा और जिस पर नियति का नियंत्रण है वह नर देह है उसी का दूसरा नाम कर्मात्मा है और वही मनुष्य के सुख-दुख का भोक्ता है!

शां. : तो हुआ यह कि जो अजर अमर अभेद्य, अजेय है वह तो है आत्मा! और जो हँसती हँसाती है सोती जागती है, भोजन करती है और विनष्ट भी होती है उसी को कर्मात्मा कहते हैं!

परिव्रा. : जितना समझ सकते थे, समझ गए हो!

शां. : वाह, अब तो पकड़े गए!

परिव्रा. : क्यों, किस तरह?

शां. : इसमें नया क्या हुआ? शरीर के बिना तो किसी का अस्तित्व ही नहीं!

परिव्रा. : तुम तो लोक व्यवहार की बात करते हो, जिसके अनुसार, प्राणियों में भेद किया जाता है और उनकी स्थिति निश्चित होती है! इसी से मैंने ऐसा कहा!

शां. : और बातें रहने दीजिए! अब बताइए आप कौन हैं?

परिव्रा. : मृत्तिका, वायु, जल, आकाश एवं अग्नि आपस में जुड़कर बनते हैं एक शरीर जिसमें ध्वनि, दृश्य, स्वाद, सुगंध एवं स्पर्श की शक्ति होती है! वही हूँ मैं!

शां. : हाँ हाँ तो आप अभी तक तो अपने को ही पूरी तरह नहीं जानते हैं! फिर अंतरात्मा को कैसे जानेंगे! **(देखकर)** अच्छा

लीजिए यह उद्यान आ गया—

परिव्रा. : आगे चलो, इसी निर्जन स्थान पर हम विश्राम करेंगे!

शां. : भगवत् पहले आप ही प्रवेश करें मैं पीछे से आऊँगा?

परिव्रा. : ऐसा क्यों?

शां. : बहुत पहले मेरी माता कहती थीं कि अशोक के हरे-भरे वृक्षों के बीच व्याघ्र छिपा रहता है, इसी से आप पहले प्रवेश करें, मैं पीछे से आऊँगा!

परिव्रा. : चलो ठीक है!

(प्रवेश करते हैं)

शां. : हाय-हाय मुझे तो व्याघ्र ने पकड़ लिया, मुझे व्याघ्र के मुख से बचाओ, अनाथ की भाँति मैं व्याघ्र का खाद्य बन रहा हूँ! —देखिए न मेरे कंठ से लहू बह रहा है!

परिव्रा. : शांडिल्य, डरो मत, डरो मत यह तो मोर है!

शां. : क्या सचमुच, मोर है?

परिव्रा. : और क्या, मोर ही तो है!

शां. : यदि मोर है तो मैं आँख खोलता हूँ।

परिव्रा. : अवश्य, निश्चिंत होकर।

शां. : अरे यह दुष्ट व्याघ्र मेरे डर से मयूर का रूप धारण कर भाग गया! **(उद्यान में इधर-उधर देखकर)** वाह वाह, चारों ओर चंपक, अर्जुन, कदंब, नीम, निचूल, तिलक, कुरबक, कर्निकार, कर्दुर, आम्रवृक्ष, प्रियंशु, शाल, ताल, तमाल, पुन्नाग, नाग, बकुल, सरल, सरज, सिंधुवार, त्रिंशूल्य, सप्तपदी, करवीर, कुटज-वाहिनी, चंदन, अशोक, महिरका, नन्द्यावते, टगर और खदिर के वृक्ष वसंत की शोभा से सुशोभित हो रहे हैं! इन सब पर मालती की पुष्पों से लदी लता चढ़ी है और सभी ओर से मयूर, कोकिल और भँवरों की गुंजार की ध्वनि आ रही है—इस सबसे विरहिणी नायिकाओं के हृदय दुख से परिपूरित हो रहे हैं! यह उद्यान तो सचमुच बहुत रमणीय है!

परिव्रा. : रे मूर्ख! दिन-दिन इंद्रियों की शक्ति क्षीण हो रही है—तुम्हारे लिए प्रकृति का यह सौंदर्य क्या?
देख—

किसलयों के आभूषण पहने वसंत जाता है, फिर कुमुद खंडों से विभूषित, शरद ऋतु का आगमन होता है, इस संसार में बालक ही नित नई ऋतुओं की इच्छा करता है, और जैसे-जैसे ऋतुएँ बीतती हैं और आयु क्षीण होती हैं, बाल बुद्धि अकारण ही प्रकृति के सौंदर्य की बात करती है!

शां. : कुछ सुंदर लगता है तो उसे सुंदर कहा ही जाता है!

परिव्रा. : यह अज्ञान की कही बात है!

जो अप्राप्त की कामना करते हैं, और व्यतीत की चिंतना करते हैं, वर्तमान से असंतुष्ट रहते हैं, उन्हें निर्वाण कभी नहीं मिलता!

शां. : जाने दीजिए! यह पथ तो बहुत ही लंबा है—कहाँ ठहर कर विश्राम करें?

परिव्रा. : यहीं बैठ जाते हैं!

शां. : यह कैसी बात?

परिव्रा. : उद्यान की समूची भूमि अदूषित ही तो है!

शां. : वास्तविकता तो यह है कि जब भी आर्य थक जाएँ और बैठना चाहें तभी दूषित को भी अदूषित मानकर बैठ जाएँ!

परिव्रा. : इसके लिए तो वेद वाक्य प्रमाण है मैं उनकी ओर से नहीं कहता—

जब मानव दर्प में भरा होता है तो सही गलत क्या है वह अपने आप ही निश्चित करता है, कोई भी अधिकृत प्रमाण नहीं माना जा सकता, सभी अपने ऊपर ही होता है!

शां. : मुझे तो आपसे बड़ा कोई प्रमाण नहीं ज्ञात, आप तो स्वयं ही बड़े विचारक हैं!

परिव्रा. : ऐसा न कहो!

आओ वत्स अब अध्ययन करो!

शां. : मेरी अध्ययन की इच्छा नहीं है!

परिव्रा. : क्यों?

शां. : पहले मैं अध्ययन का अर्थ जानना चाहता हूँ!

परिव्रा. : अध्ययन करने के बाद ही अध्ययन का अर्थ पता चलेगा! तो पहले अध्ययन करो!

शां. : अध्ययन करके क्या लाभ होगा?

परिव्रा. : सुनो ज्ञान से विज्ञान प्राप्त होता है, विज्ञान से संयम, संयम से तप, तप से योग की ओर प्रवृत्ति और योग प्रवृत्ति से भूत, भविष्य और वर्तमान का ज्ञान प्राप्त होता है! इससे अष्ट गुणों से युक्त ऐश्वर्य मिलता है!

शां. : भगवन्! आपकी इच्छानुसार आपकी वाणी मेरे मन-मस्तिष्क के गह्वरों में प्रवेश कर जाती है! उसी प्रकार क्या यह संभव है कि आप दूसरे के शरीर में प्रवेश कर सकें?

परिव्रा. : तुम्हारा अभीष्ट क्या है?

शां. : मेरा अभीष्ट है बौद्ध नियमों के अनुसार संघ द्वारा प्रस्तुत सुस्वादु भोजन प्राप्त करना!

परिव्रा. : तुम्हारे अभीष्ट का समय अभी नहीं हुआ!

शां. : इसी भोजन के कारण तो आप भी मुंडितमस्तक बने हैं, मुझे और कोई लाभ तो दीखता नहीं!

परिव्रा. : ऐसा कभी न कहो–

महात्मा ब्राह्मण योग साधना करते हैं, इसे देवता और दानव, दोनों ही आदर देते हैं, इस योगफल को अनाश्य, अक्षोभ्य, नित्य और महान् मानकर प्राप्त करने का प्रयास किया जाता है!

शां. : भगवन्! आप अपने विचार योग पर केंद्रित करें और मैं अपने विचार भोजन पर संकेंद्रित करता हूँ! अच्छा भगवन् आप संन्यासी गण योग योग कहा करते हो! वास्तव में योग है क्या?

परिव्रा. : सुनो–

ज्ञान का मूल, तपस्या का सार, यथार्थ का आधार, द्वित्व को दूर करने वाला राग और द्वेष से मुक्त रखने वाला उसी को योग कहते हैं!

शां. : मैं उन भगवान बुद्ध को नमन करता हूँ जिन्होंने कहा है कि आहार के प्रति प्रमाद सब प्रमादों का मूल है!

परिव्रा. : शांडिल्य यह क्या?

शां. : भगवन् क्या आप नहीं जानते कि मैं सर्वप्रथम प्रातः के नाश्ते

के लोभ में शाक्य श्रमण बना!

परिव्रा. : हाँ अब कुछ-कुछ ज्ञात हुआ! कुछ और कहना चाहते हो?

शां. : हाँ बहुत कुछ।

परिव्रा. : ठीक है, कहो मैं सुन रहा हूँ!

शां. : तो सुनिए भगवन्, प्रकृति के अष्ट प्रकार, सोलह विकार, आत्मा, पाँच वायु, तीन गुण, मन के तीन गुण और सृष्टि तथा विलय, ऐसा जिन भगवान् ने अपनी पिटक में कहा है!

परिव्रा. : शांडिल्य यह सांख्य का सिद्धांत है, बुद्ध का नहीं!

शां. : भूख के कारण मैं सोचता कुछ हूँ और कहता कुछ हूँ! अब आप सुनें—

हमारा उपदेश है न दी हुई वस्तु को न लेना, जीवन को नष्ट न करना, निरर्थक बातें न करना, ब्रह्मचर्य को नष्ट न होने देना, गलत समय पर भोजन न करना! मैं बुद्ध की, धर्म की और संघ की शरण स्वीकारता हूँ!

परिव्रा. : शांडिल्य! अपने आचरण के नियमों का उल्लंघन करके दूसरे के समय के बारे में बात करना उचित नहीं है!

तमोगुण से दूर रहकर, रजोगुण को जीतकर, सत्वगुण पर स्थापित होकर शीघ्र ही ध्यान लगाओ, ज्ञान का प्रयोजन यही तो है!

शां. : भगवन् आप स्थिर होकर योग का ही चिंतन करें, मैं तो अब भोजन की ही चिंता करता हूँ!

परिव्रा. : यह बातें बंद करो—

देहबंध एवं समूचे जगत में, इंद्रियों और आत्मा के संयोग को स्वीकार कर, ज्ञान से सत्व को प्राप्त करके अपने अंतर में व्याप्त आत्मा को पहचानो!

(दो चेटियों के साथ अज्जुका का प्रवेश)

अज्जुका : सखी मधुकरिके! रामिलक कहाँ है?

चेटी : अज्जुके! श्रेष्ठि ने कहा वे अभी आते हैं और नगर की ओर चले गए!

अज्जु. : सखि! यह क्यों हुआ होगा?

चेटी : किसी और गोष्ठी में जा रहे होंगे!

अज्जु. : क्या अभी गोष्ठी संपूर्ण नहीं हुई?

चेटी : अज्जुका ठीक कहती है, आसव ही गोष्ठी का रस है! इससे मद चढ़ता है, हास उत्पन्न होता है और स्त्रियों को लज्जाधीन बनाता है!

अज्जु. : जाओ उसे शीघ्र आने को कहो!

चेटी : जो आज्ञा! (**प्रस्थान**)

अज्जु. : सखि! परभृतिका? कहाँ बैठूँ?

चेटी : अज्जुका! थोड़ी-सी देर इस आम्रमंजरी से शृंगारित शिलाखंड पर बैठें! और हाँ! अज्जुका तब तक एक गीत सुनाएँ—

अज्जु. : ठीक है प्रिय परभृतिका—

(**दोनों बैठकर गाती हैं**)

गणिका का गीत—

इस उद्यान में प्रेम देवता ही मानो आसीन हैं, उन्होंने अपने धनुष पर आम्रमंजरी का बाण चढ़ाया हुआ है और उससे तो मुनियों के मन भी मुग्ध हो जाते हैं!

शां. : यह क्या कोकिल की पुकार है? नहीं कोकिल की पुकार तो नहीं है—तो यह है क्या (**समझ कर**) अहा! यह तो मधु में डूबे पायस की भाँति मधुर गान का स्वर है! तो चलकर देखें—(**चलकर देखता है**) अरे यह तरुणी कौन है—निराभरणा ही वह इतनी सुंदरी है जैसे स्वयं ही इस उद्यान का अलंकार हो!

चेटी : अज्जुके!

शां. : अच्छा तो यह गणिका है! तब तो हम धन्य हुए!

चेटी : अज्जुका एक और गीत भी गाएँ!

अज्जु. : अच्छा (**गाती है**)

कामिनी के कटाक्षों का सखा मधुमास की समीर से मदमत्त प्रेम देवता अपने अशोकस्तबकों के बाण से महात्माओं में मनों को भी अभिभूत करने वाला होता है!

शां. : कंठ से कितना मधुर गान निःसृत हो रहा है! सुने भगवन्!

परिव्रा. : मैंने शब्द तो सुने परंतु अर्थ पर तो मेरा ध्यान गया ही नहीं!

शां. : अर्थ भी जान लेंगे यदि आपके सामने कार्षापणों का ढेर लग

जाए!

परिव्रा. : उचित व्यवहार करो शांडिल्य!

शां. : क्रोध न करें भगवन्! परिव्राजकों को क्रोध नहीं करना चाहिए!

परिव्रा. : अब मैं कुछ बोलूँगा नहीं!

शां. : यही तो पांडित्य का लक्षण है!

(यमदूत का प्रवेश)

यमदूत : सुनो, सुनो!

मुझसे संसार के प्राणियों का प्राणहरण करने वाले यमराज ने कहा है—वही यमराज जो प्राणियों के पाप-पुण्य के साक्षी हैं—कि जिसकी भी कर्मरेखा समाप्त हो गई है और जीवन समाप्ति पर है—उसके प्राणों का हरण करूँ! इसी से मैं पृथ्वी के अनेकानेक देशों—असंख्यों नदियों, पर्वतों और वनों से घूमता हुआ कहीं घनघोर घटाओं से और कहीं तूफानों से घिरे हुए रास्तों को पार करते चारण, सिद्धों और किन्नरों के प्रदेशों से भरे हुए यमराज के द्वारा निर्दिष्ट इस नगर में आ पहुँचा हूँ! तो फिर वह कहाँ है?—अहा! यह रही अशोक पुष्पों के सोने के रंगवाले गुच्छों के बीच, यह अज्जुका ऐसी चंद्रज्योत्स्ना के समान चमक रही है जो सूर्यास्त के समय मेघ समूहों से घिरी हो!

वैसे अभी इसके जीवन की थोड़ी सी अवधि बाकी है! तो मैं कुछ देर प्रतीक्षा करूँगा फिर इसके प्राण हरूँगा!

चेटी : अज्जुके! देखिए अशोक का पुष्पगुच्छ कितना रमणीय है, मैं इसे तोड़ लाऊँ?

अज्जु. : तू रहने दे, मैं ही इसे तोड़ूँगी!

यमदूत : अब उपयुक्त समय है! तो सर्प बनकर इस अशोक की शाखा में बैठकर इसका प्राणहरण करूँगा! **(ऐसा ही करता है)**

इस समय—

हंसमुख मधुरभाषिणी चंदनचर्चिता मत्ता विशाल जंघाओं वाली रक्तोत्पलनेत्रा नेत्रों को सुख देनेवाली इस सुंदरी के प्राणों को शीघ्रातिशीघ्र यमपुरी ले जाऊँगा—

(अज्जुका पल्लव तोड़ने का उपक्रम करती है)

यमदूत : डसने का समय आ गया—**(डस लेता है)**

अ़ज्जु. : अरी मुझे तो किसी ने डस लिया!

चेटी : **(अशोक वृक्ष को देखती है)** अज्जुका हाय हाय इस अशोक वृक्ष की डाल पर तो सर्प है...

अज्जु. : हा! सर्प **(मूर्च्छित होती है)**

शां. : **(पास जाकर)** भवति! यह क्या?

चेटी : आर्य! अज्जुका को सर्प ने डस लिया है!

शां. : आह, हे भगवन् इस बेचारी तरुणी अज्जुका को सर्प ने डस लिया है!

परिव्रा. : उसका कर्मफल समाप्त हो चुका है—
क्योंकि नियति की प्रेरणा से अपने कृत्यों का फल भोगने के लिए लोग जन्म लेते हैं और कर्मफल क्षीण हो जाने पर मृत्यु को प्राप्त हो जाते हैं!

चेटी : अज्जुका! क्या पीड़ा हो रही है!

अज्जु. : मेरे शरीर में विष फैलता जा रहा है, मेरी दृष्टि धुँधली पड़ती जा रही है, मेरा हृदय अत्यंत आकुल हो रहा है! मानो मेरे प्राण जा रहे हैं! मुझे नींद आ रही है!

चेटी : आराम से लेटें अज्जुका!

अज्जु. : माँ को मेरा प्रणाम कहना।

चेटी : ऐसी बात न कहें—आप स्वयं ही उनका अभिवादन करेंगी—

अज्जु. : रामिलक मेरा आलिंगन करो—

चेटी : हा! अज्जुका तो निष्प्राण हो गई—

यमदूत : इसके प्राण तो हर लिए—अब चलता हूँ—
गंगा को पार कर पुण्य सलिला नर्मदा, सह्याद्रि पर्वतमाला को लाँघकर उसे घेरे हुए कृष्णा नदी रांची के शिव मंदिर से होते हुए, फिर कावेरी, ताम्रपर्णी और मलय पर्वत को पार कर, सागर पार लंका से भी आगे मैं यमराज के देश में पहुँच गया हूँ!
वह रहा बड़ी-बड़ी डालों वाला वटवृक्ष—उसके नीचे बैठे चित्रगुप्त के पास जाता हूँ!

(प्रस्थान)

चेटी : हाय! अज्जुका!

शां. : भगवन्! रक्षा करें, इस अज्जुका ने प्राण छोड़ दिए!

परिव्रा. : मूर्ख! प्राणियों को अपने प्राण बहुत प्यारे होते हैं! प्राण शरीर को छोड़ते हैं ऐसा कहना चाहिए!

शां. : अरे कठोर हृदय! निष्ठुर! दुष्ट बुद्धि, भिन्न चारित्र, असंस्कृत, मुंडितमस्तक–

परिव्रा. : अरे, यह तुझे क्या हो गया? तेरा मतलब क्या है?

शां. : मुझे अपने 108 नाम तो गिनाने दे।

परिव्रा. : अवश्य!

शां. : हे भगवन्, मैं दुखी हूँ!

परिव्रा. : किसलिए?

शां. : अज्जुका मेरी स्वजन है!

परिव्रा. : तुम्हारी स्वजन कैसे हो गई?

शां. : हम परिव्राजकों की भाँति यह किसी से स्नेह नहीं करती!

परिव्रा. : वे लोग भी जो किसी से स्नेह नहीं करते, अपने जीवन में उद्देश्य को प्राप्त कर स्नेहशील हो जाते हैं!–

क्योंकि...

जो निर्मम हैं और मोक्ष प्राप्त करने के योग्य बन जाते हैं, जो शास्त्रों में बताए गए मार्ग पर चलते हैं, वे भी जो सांसारिक स्नेह से पराङ्मुख होते हैं उनका हृदय भी गुणों के प्रति आकर्षित होता ही है!

शां. : हे भगवन् मैं अपने को सँभाल नहीं पा रहा हूँ! मैं तो उसके पास जाकर रोता हूँ!

परिव्रा. : नहीं यह उचित नहीं होगा, वहाँ न जाना।

शां. : भगवन् क्रोध न करें, परिव्राजकों को क्रोध शोभा नहीं देता! (**पास जाकर**) हा अज्जुका! हा प्रियसंपन्ने, हा मधुर गायिनि!

चेटी : आर्य! यह क्या?

शां. : भवति! स्नेहवश!

चेटी : ठीक तो है, साधुजन सभी के प्रति कृपालु होते हैं!

शां. : भवति, मैं इनका स्पर्श करना चाहता हूँ!

चेटी : जैसी आपकी इच्छा।

शां. : हा अज्जुके—(**पाँव छूता है**)
अरी मैं तो इतना आकुल हो रहा हूँ कि मुझे सिर और पैर जान ही नहीं पड़ते! इसके ताड़फल के समान उन्नत सुंदर काले चंदन से लिप्त स्तनों को देख रहा हूँ—मेरा दुर्भाग्य कि जब वह जीवित थी मैं उनसे प्रताड़ित नहीं हुआ!

चेटी : (**चेटी स्वगत**) ऐसा करती हूँ! (**प्रकट**) आर्य! आप कुछ देर अज्जुका को देखें, मैं उनकी माता को बुला लाती हूँ!

शां. : शीघ्र जाओ, मैं मातृहीना के लिए माता के समान हो जाऊँगा!

चेटी : (**स्वगत**) यह ब्राह्मण कृपाशील है, अज्जुका को छोड़कर नहीं जाएगा!

शां. : यह तो चली गई! अब स्वच्छंदता से कम से कम रो तो लूँ! हा! अज्जुके हा मधुरगायिनि!

परिव्रा. : शांडिल्य यह व्यवहार उचित नहीं है!

शां. : दूर से निष्ठुर, मुझे अपने समान समझता है!

परिव्रा. : आओ पुत्र! अध्ययन करो!

शां. : भगवन्! क्या अध्ययन करो।
भला इस बेचारी एकाकी अज्जुका की चिकित्सा कैसे करूँ?

परिव्रा. : तुम्हारा औषधशास्त्र से क्या संबंध?

शां. : तुम्हारे योग का फल तो बस पाप है!

परिव्रा. : यह बेचारा अपने कर्त्तव्य से अपरिचित है! मैंने महेश्वर आदि योगाचार्यों से सुना है कि शिष्य को समझाने के लिए थोड़ा-सा संग भाव बुरा नहीं होता! तो अब मैं इसे योग पर विश्वास दिलाने के लिए यह करता हूँ! इस गणिका के शरीर में अपनी आत्मा का प्रवेश कराता हूँ!
(**योग से प्रवेश करता है**)

अज्जु. : (**उठकर**) शांडिल्य! शांडिल्य!

शां. : अहा! इसके प्राण तो लौट आए! भवति! यह रहा मैं!

अज्जु. : बिना हाथ धोए मुझे न छूना!

शां. : यह अज्जुका तो बड़ी पवित्र निकली!

अज्जु. : आओ वत्स! अध्ययन करो!

शां. : यहाँ भी वही अध्ययन! अब तो भगवन् के पास ही जाता हूँ!

(पास जाकर)

ओ भगवन्! अरे भगवन् तो निष्प्राण हो गए! हे वाग्वदग्ध! हे योगधनी ओ मेरे आचार्य! क्या बड़े-बड़े विचारक भी मरते हैं?

(माता और चेटी का प्रवेश)

माता : कहाँ, कहाँ है मेरी सुकुमारी—

चेटी : यह रही अज्जुका, उसे सर्प ने डसा है!

माता : हा! हतभागिनी मैं!

चेटी : माँ, शांत हों शांत हों, अज्जुका तो स्वस्थ हो गई है!

माता : सचमुच यह तो प्रकृतिस्थ हो गई—जाते! वसंत सेने! यह क्या?

अज्जु. : अयि नीच वृद्धा मेरा स्पर्श मत कर।

माता : हा धिक्! यह कैसी बात!

चेटी : यह तो विष का विषम प्रभाव है!

माता : शीघ्र जाकर वैद्य को ले आ—

चेटी : जो आज्ञा स्वामिनी! **(प्रस्थान)**

(रामिलक और पहली चेटी प्रवेश करते हैं)

चेटी : आइए आइए स्वामी! आपकी प्रतीक्षा करती अज्जुका संतप्त हो रही है!

रामिलक : मेरी कामना है कि इस विशालाक्षी मृदुभाषी मुख का उसी प्रकार पान करूँ जैसे खिले हुए कोमल कमल का मधुप करता है।

(पास जाकर)

अरे मुझे देखकर मुँह क्यों फेर लिया!

(आँचल पकड़कर)

अरी सुगात्रि! जैसे लहरियाँ कमलों को डुलाती हैं वैसे ही तुम भी अपना सुंदर मुख मेरी ओर फेरो—जैसे प्यास में अंजुरी भर जल वैसे ही तुम्हारा आधा दर्शन भी अति सुखदायक है!

अज्जु. : अरे मूढ़ अज्ञानी! मेरा आंचल छोड़।

रा. : सखी यह क्या?

माता : कुछ देर पहले इसे सर्प ने डस लिया था तभी से अनर्गल

प्रलाप कर रही है!

रा. : बेचारी सुकुमारी! यह तो सुधबुध खो बैठी है, इसके शरीर पर किसी और का आवेश आ गया है!

(वैद्य और चेटी का प्रवेश)

चेटी : आइए आइए आर्य!

वैद्य : वह कहाँ हैं?

चेटी : अज्जुका यह है—वह स्वस्थ नहीं है!

वैद्य : इसे महासर्प ने डसा है!

चेटी : आप कैसे जानते हैं?

वैद्य : जानता हूँ क्योंकि उसका व्यवहार बड़ा ही विचित्र और अस्वाभाविक हो रहा है! मैं अपना उपचार प्रारंभ करता हूँ!

(नीचे बैठकर गोला खींचता है)

कुंडल जैसे कुटिलगामी इस गोले में प्रवेश कर—वासुकिपुत्र, रुको, रुको! तब तक मैं तुम्हारा शिरोवेध करता हूँ!
कुठार कहाँ है?

अज्जु. : मूर्ख वैद्य अपने को निरर्थक कष्ट न दें!

वैद्य : तो तुम्हें पित्त का प्रकोप भी है—अब मैं तुम्हारे वात, पित्त और कफ का उपचार करता हूँ!

रा. : अवश्य यत्न करें! हम आपके प्रति अकृतज्ञ साबित नहीं होंगे!

वैद्य : सुंदरगुलिक नामक औषधि ले आता हूँ!

(यमदूत का प्रवेश)

यमदूत : यमराज ने मेरी भर्त्सना की! कहा यह तो वह वसंतसेना नहीं है जिसे तुम्हें लाने को कहा था—वह तो दूसरी ही वसंतसेना है, अब उसे लेकर आओ!
यदि इसके शरीर को अग्नि समर्पित नहीं किया होगा तो उसके प्राण वापस कर देता हूँ! **(देखकर)** अरे! यह तो उठ बैठी है! परंतु यह क्या मामला है? इसके प्राण तो मेरे हाथ में हैं और यह सुंदरी उठ बैठी है, ऐसी आश्चर्यजनक बात तो इसके पहले कभी नहीं देखी—

(चारों ओर देखकर)

अरे! इसके शरीर में तो योगी परिव्राजक क्रीड़ा कर रहा है! तो

अब क्या करूँ?
ठीक है, इस अज्जुका के प्राणों को परिव्राजक के शरीर में रखकर और कुछ समय इस खेल के बाद फिर दोनों प्राणों की अदला-बदली कर दूँगा!
इस अज्जुका के प्राणों को योगी के शरीर में स्थापित कर दिया है, अब परिव्राजक का आचरण अज्जुका के प्राणों से प्रभावित होगा ही!

(प्रस्थान)

परिव्रा. : परभृतिका परभृतिका!!

शां. : अरे भगवान तो जी उठे!
मैं समझता हूँ दुःख भागी लोग मरते ही नहीं हैं!

परिव्रा. : रामिलक कहाँ है?

रामि. : भगवन् मैं यह रहा!

शां. : भगवन्! यह क्या? कमंडल पकड़ने वाला हाथ जैसे शंख की चूड़ियों वाला हाथ हो गया है! यह न तो भगवन् हैं और ना ही अज्जुका, इस समय तो ये भगवदज्जुकम् बन गए हैं!

परिव्रा. : रामिलक—मेरा आलिंगन करो—

शां. : अपने कमंडल को आलिंगन कर दुष्ट!

परिव्रा. : रामिलक मैं तो तुम्हारे प्रेम में मत्त हूँ!

शां. : नहीं नहीं तुम तो पागल हो गए हो!

रामि. : भगवन् योगी पद के विरुद्ध वार्तालाप है यह तो!

परिव्रा. : मुझे मधु दो—पान करूँगा—

शां. : विष पी ले! परिहास का प्रमाण ही प्रतीत हो रहा है!

परिव्रा. : परभृतिके परभृतिके! मेरा आलिंगन कर।

चेटी : दूर हो दुष्ट।

माता : पुत्री वसंतसेना!

परिव्रा. : यह हूँ मैं—वंदना करती हूँ—

माता : भगवन्! यह कैसी बात?

परिव्रा. : माँ तुम मुझे जानती हो न?
रामिलक, तुम्हीं ने मुझे पुनर्जीवन दिया है!

रा. : मेरे वश में तो कुछ भी नहीं है!

(वैद्य का प्रवेश)

वैद्य : मैं अष्ट गुलिकाएँ ले आया हूँ—दूसरी औषधि भी है! यह मैं नहीं जानता कि यह सुंदरी क्षण क्षण में जीती मरती कैसे है? **(पास जाकर)** जल लाओ—

चेटी : **(जल लाती है)**

वैद्य : मैं इस गोली का चूर्ण बनाता हूँ पर यह तो सर्पविद्धा नहीं है इस पर कोई आवेश आ गया है!

अज्जुका : मूर्ख वैद्य, वृथा वृद्ध!
प्राणियों का अंत भी नहीं जानता—बताओ किस प्रकार के सर्प ने इसे डसा है!

वैद्य : इसमें आश्चर्य की क्या बात है?

अज्जु. : इसका कोई शास्त्र है?

वैद्य : सहस्रों शास्त्र हैं!

अज्जु. : तब मुझे वैद्यक शास्त्र के बारे में बताओ!

वैद्य : सुनिए अज्जुका!
वात पित्त आदि...भूल गया...
पोथी लाओ मेरी पोथी

शां. : वैद्य तो बड़ा विद्वान है!
पहली ही पंक्ति भूल गया—चलो जाने दो आखिर वह मित्र ही तो है—यह रही आपकी पुस्तक।

वैद्य : सुनिए अज्जुका।
वात, पित्त और कफ ये तीनों बड़े विष हैं इन्हें त्रय-सर्पा कहा जाता है। इनके सामने कोई चौथा नहीं ठहरता।

अज्जु. : यह शब्द प्रयोग गलत है त्रीणि सर्पा कहना होगा सर्प तो नपुंसक लिंग है!

वैद्य : अरे इसे तो किसी वैयाकरण सर्प ने डसा है!

अज्जु. : विष के आवेग कितने प्रकार के होते हैं!

वैद्य : शत प्रकार के होते हैं—

अज्जु. : गलत। विष प्रभाव के सात स्तर हैं—रोमांच, मुख सूखना, रंग पीला पड़ना, कंपन, हिचकियाँ, हाँफना, मूर्च्छना ये सात दशाएँ हैं।

और यदि विष इन सात स्तरों से ऊपर चढ़ जाए तो उसका उपचार नहीं किया जा सकता। यदि कुछ और बता सकते हो तो बताओ...

वैद्य : यह मेरे विषय से बाहर है, भवति, आपको प्रणाम, मैं जाता हूँ।

(जाता है)

(यमदूत का प्रवेश)

यम : गर्भस्राव फोड़े, बुखार, कर्णरोग, गर्भाशय की ग्रंथि, हृदय आँखों और मस्तिष्क की ग्रंथियाँ यह सूची है जिससे अनेकानेक प्राणी यमलोक को जाते हैं!

चलूँ मैं यम की आज्ञा का पालन करूँ... **(अज्जुका के पास जाकर)**

भगवन्! अज्जुका के शरीर को छोड़ दें।

अज्जु. : निःसंदेह।

यमदूत : मैं अपना कर्तव्य निभाऊँगा और दोनों के प्राणों की अदला-बदली कर दूँगा।

(जाता है)

शां. : भगवन् तो ठीक हो गए...

अज्जु. : परभृतिका परभृतिका।

चेटी : अज्जुका पहले ही जैसे बोलने लगीं।

माता : पुत्री वसंतसेना!

रामिलक : ओह! यह तो प्रसन्न है... प्रियतमे मेरे साथ आओ...

(अज्जुका की माता का रामिलक और चेटी के साथ प्रस्थान)

शां. : भगवन् यह सब क्या था?

परिव्रा. : लंबी कथा है फिर सुनाऊँगा।

अभी तो...

सूर्य डूब रहा है स्वर्ण के गोले की भाँति...मेघ उसके प्रकाश एवं रमणीय हुआ ऐसा लगता है जैसे वह स्वर्ग के गर्भ में समा रहा हो।

(प्रस्थान)

भरत वाक्य–

शुभ का संचार हो सारे संसार में,
  रक्षा करें देवता।
तम का नाश हो पाप का विनाश हो,
  रक्षा करें देवता।
आनंद छाए संसार में संसारी के संसार में,
  रक्षा करें देवता।।

भगवदज्जुकम् के गीत
सूत्रधार का प्रवेश गीत

(1) अर्चित हैं जो चरण शिव के
  सबके द्वारा,
देवताओं की उज्ज्वल मुकुट मणियों से
शुभ लक्षणों वाले हैं जो,
  रक्षा करें सभी की,
परम पूज्य चरण महाशिव की

(2) **गणिका का गीत**
यह वसंत ऋतु मधुमास
  भौंरों की गुंजार।
कि जैसे काम-धनुष टंकार,
  चले पुरवाई धीरे।
यौवन पर है बहार
  कि आया फूलों पर निखार।
यह कोमल मलय समीर
यह वसंत ऋतु मधुमास
आभ्र मंजरी बाण,
  मुग्ध हैं मुनियों के मन आज

यह कोमल मलय समीर

(3) **गणिका का गीत**

यह वसंत ऋतु मधुमास
मदन सखा है कामिनियों का
बाँकी चितवन हेरे
फूल खिले अशोक के
योगी जन भी निज मन हारे
चले पुरवाई धीरे
ये कोमल मलय समीर
यह बाँकी वसंत ऋतु मधुमास

धूर्तसमागम

ज्योतिरीश्वर

इंदुजा अवस्थी द्वारा संस्कृत से अनूदित

गीत : कार्तिक अवस्थी

पात्र

सूत्रधार	अनंगसेना
नटी	असज्जाति मिश्र
स्नातक	बंधुवंचक
विश्वनगर	मूलनाशक
मृतांगार	नागरिक
सुरतप्रिया	

प्रस्तावना

नान्दी

वक्त्राम्भोरुहि विस्मताः स्तवकिता वक्षोरुहि स्फारिताः
श्रोणीसीमनि गुम्फिताश्चरणयोरक्ष्णोः पुनर्विस्तृताः।।
पार्वत्याः प्रतिगात्रचित्रगतयस्तन्वन्तु भद्राणि वो
विद्धस्यान्तिक पुष्पसायकशरैरीशस्य दृग्भक्तयः।।

(नान्दी के बाद सूत्रधार प्रवेश करता है।)

यो धीरेश्वरवंशमौलिमुकुटः दातावदाताशयस्
तस्य श्रीकविशेखरस्य कविता मच्चित्तमालम्बते।।

सूत्रधार : हमारे महाराज श्री नरसिंह देव नृपति कर्णाटचूड़ामणि के चरणकमल अनेकों भूपतियों के मुकुटों से दीपित हैं। वे योद्धाओं की ऐसी प्रचंड सेना के स्वामी हैं जिसके पद-संचार से समस्त पृथ्वी मर्दित होती है और दसों दिशाओं के पर्वत काँप उठते हैं। इन्हीं महाराज के दरबार के रत्नों में पल्लीपुर में जनमे कविशेखराचार्य ज्योतिरीश्वर हैं जो सकलसंगीत विशेषविद्योतन हैं, अभिनव भरत हैं, भगवान् शिव के चरणकमलों में असीम श्रद्धा रखनेवाले, सभी भाषाओं तथा उपभाषाओं के ज्ञाता, संवेदनशील एवं सरस्वती के कंठाभरण हैं। वे अपने वंश के मौलिमुकुट हैं और पवित्र कीर्ति धीरेश्वर के सुपुत्र हैं। उन्हीं ज्योतिरीश्वर कवि ने मुझे आज्ञा दी है कि मैं आज यहाँ इस सभा में उनके धूर्त्तसमागम नामक प्रहसन को प्रस्तुत करूँ। उनकी आज्ञा मालती-माला की भाँति मुझे शिरोधार्य है।

उन कविशेखर ने कितने ही देवता आराधे हैं, कितने ही ब्राह्मणों को संतुष्ट किया है, कवियों का समादर किया है, और वे कितने ही याचकों को प्रतिदिन कृतार्थ करते हैं। ऐसे त्यागी और रस-सिद्ध हैं हमारे ज्योतिरीश्वर कवि। तो प्रेयसी को बुलाकर संगीतक प्रस्तुत करने का आयोजन करूँ। **(नेपथ्य की ओर देखकर)** आर्ये, इधर आओ।

नटी : आर्य, यह आ गई। आज्ञा दीजिए, आपकी प्रसन्नता के हेतु क्या करूँ।

सूत्रधार : आर्ये, क्या तुम नहीं जानतीं, श्री ज्योतिरीश्वर एक कीर्तिमान कवि हैं, जो घड़ी-भर में चार सौ आलंकारिक श्लोकों की रचना कर डालते हैं, पृथ्वी भर में विख्यात हैं, चतुर्दश विद्याओं के आगार हैं, और संगीत के तो अगम समुद्र ही हैं। आज मैं ऐसे ख्यातनामा का रचा हुआ धूर्त्तसमागम नाम का प्रहसन प्रस्तुत करने जा रहा हूँ। उसी नाट्य-प्रयोग के उपयुक्त कुछ गाओ।

नटी : आर्य, बतलाइए, इस नाट्य में कौन-सा रस प्रधान है, जिसे ध्यान में रखकर मैं गाऊँ?

सूत्रधार : देखो, विकसित मालती पुष्पों के पराग-गंध से उन्मत्त भँवरों की गुंजार से युक्त यह वसंत ऋतु अनंग शृंगार का उद्दीपन करती है। और देखो न, आम्र-मंजरियों से पराग झर रहा है, कोयल की कुहुक में मानो मंगलश्री की ध्वनि है। यह वसंत ऋतु तो मुनियों का भी चित्त हरती है। नटी सचमुच यह वसंत ऋतु तो वैरागी मुनियों के गहन धैर्य का अपहरण करके उन्हें कामदेव के आधीन बनाती है। **(गाती है।)**

मलयानिलचालित आम्रवनः।
कलकंठिस्वरा हृतकामिजनः।।
मकरंदविमत्तशिलीमुखकः।
सुरभीकृतसर्वदिशामुखकः।।

नेपथ्य से : दंडकमंडलमंडितहस्तक।
सुललिततिलकविभूषितमस्तक।
आता देख घुमक्कड़ जोगी

वेष गेरुआ धारे शोभी।।

नटी : (**देखकर**) आर्य, यह कौन योगी है, जो गेरुआ वस्त्र पहने हुए है, मस्तक पर तिलक विभूषित है, हाथ में दंड-कमंडल लिए हुए है, परंतु धूर्त्तों की भाँति इधर-उधर दृष्टि डालता दिखाई देता है?

सूत्रधार : आर्ये, जैसा लोगों के मुँह से सुना है, बताता हूँ। यह चंचलचित्त, धर्माचारहीन, वेश्याविलासी, विश्वनगर है, जो लंबा तिलक लगाकर, हाथ में दंड-कमंडल लेकर संन्यास का ढोंग रचता है। इसे तो दूर से ही नमस्कार करना ठीक होगा।

(**दोनों चले जाते हैं। प्रस्तावना समाप्त।**)

प्रथम अंक

(**शिष्य स्नातक के साथ योगी विश्वनगर प्रवेश करता है।**)

विश्वनगर : (**उपदेश देते हुए**) हृदय-कमल के बीच जो निर्गुण हैं, संसार के जाल से मुक्त हैं, त्रिभुवनपति हैं, जो नित्य हैं, अनंत हैं, सत्य हैं, अजर हैं, अमर हैं, जिनका योगी ध्यान करते हैं, जो कामदेव का दमन करने में भी समर्थ हैं, उन त्रिभुवनपति का मैं निरंतर ध्यान करता हूँ।

स्नातक : (**चारों ओर देखकर, स्वगत**) वाह, वसंत ऋतु कितनी रमणीय है! रतिरस में कुशल, काम में अंधे, रस-रंग में अनुरक्त, काले भँवरे सानुराग फूलों का रस पी रहे हैं, मानो गुंजारते हुए कामदेव की कीर्ति का गान कर रहे हैं। उधर कोकिल की कूक प्रियजनों से विरहित कामिनियों का धीरज हरण कर रही है। मलय शिखरों से आती हुई, सर्वलोक को मोहित करनेवाली, शीतल समीर-लहरियाँ कमल-वनों को आलोड़ित कर रही हैं, चंदनवन की शाखाओं को कँपा रही हैं। ये सभी मिलकर कामदेव के केलि-दर्प को द्विगणित कर रहे हैं। इस असह्य वसंत को अकेले शरीर से कैसे सहूँ?

(**अन्यमनस्क हो जाता है।**)

विश्वनगर : **(स्नातक को देखकर)** स्नातक! अरे दुराचारी! किस चिंता में कंधे झुकाकर किसी और लोक में खोया दिखता है? लंबी साँस ले रहा है, शरीर शिथिल हो रहा है, दृष्टि शून्य हो गई है, मुख पीला पड़ गया है, चाल लटपटा गई है, चित्त मलिन प्रतीत होता है। तेरा यह व्यग्र रूप देखकर तो मैं समझता हूँ कि तुझे पंचबाण कामदेव ने बेध डाला है। कह तुझे क्या हुआ है?

(स्नातक लज्जित होकर सिर झुका लेता है।)

स्नातक : बड़ी लज्जा की बात है, आपके सामने कह नहीं सकता।

विश्वनगर : अपनी बात कहने में कोई दोष नहीं होता स्नातक! कहो। कहो।

स्नातक : हे प्रभु, आज मैंने सवेरे नगरताल के किनारे देवबंधुओं की रूप-संपदा को तिरस्कृत करनेवाली अनंगसेना नामक वारवधू को देखा। तब से मुझे चारों ओर वही दिखाई देती है।

विश्वनगर : **(ताली पीटकर हँसते हुए)** तो इसमें लज्जा की क्या बात है? वत्स, प्रातः मैंने भी वहीं पर सुरतप्रिया नाम की संन्यासिनी को देखा। तेरी तरह काम-बाणों से मैं भी बिंध चुका हूँ। उसका रूप आकाश में चित्रित, दिशाओं में अंकित, पलकों में प्रतिबिंबित और मन में प्रतिष्ठित है। वह मेरे मन-सरोवर में वायु के झोंकों से क्रीड़ा करती हुई सुंदर कमलिनी की भाँति, बसी तो हुई है, किंतु मुझ-जैसे प्रेमियों के विलास के लिए उपयुक्त उसका आवास कहाँ है, यह नहीं जानता। **(ऊपर देखकर)** वत्स, दोपहर का समय हो गया है। सूर्य ऊपर चढ़ आया है, दिशाओं के वृत्त जैसे मृगतृष्णा में घिर गए हैं, आकाश सूर्यकिरणों से परिदीप्त हो रहा है, बालुकाराशि अग्निकणों की भाँति चमक रही है, पथिक पोखरों के निकट लता-कुंजों में लेट रहे हैं, पशु-पक्षी तालाब के जल का पान कर उसे गँदला कर रहे हैं तो अब भिक्षा के लिए किसी गृहस्थ का घर देखना चाहिए।

(चारों ओर घूमते हैं।)

स्नातक : आर्य, देखिए! अनेक भैंसों से परिपूर्ण, ऊँचे स्तंभों से सुशोभित,

चतुःशाल में, इधर-उधर घूमते हुए गाय-बछड़ों, और धीमे-धीमे चलनेवाली विलासवती सुंदरी, दासियों से सुशोभित, यह तो किसी महा-धनवान का घर दीख रहा है। (**नागरिकों से**) अरे नागरिको, यह किसका भवन है?

नेपथ्य से आवाज : लक्ष्मी से संपन्न, विविध विलास-सामग्री से परिपूरित, और चारों ओर फैले वैभव के कारण चिंतित और निद्राहीन एक नागरिक का आवास है।

स्नातक : अरे नागरिको, किंतु वह नागरिक हैं कौन?

(फिर वही पिछला कथन नेपथ्य से।)

नेपथ्य से आवाज : जो लोक-प्रसिद्ध हैं, उन्हीं का आवास है।

विश्वनगर : यह नाम लेने में कैसा निषेध? हो न हो, यह महा-धनवान परंतु महा-कंजूस मृतांगार ठाकुर का आवास है। वत्स, अब देर न करो। अंदर चलते हैं।

(प्रवेश करने का नाट्य करके एक ओर हो जाते हैं। मैले वस्त्रों में मृतांगार प्रवेश करता है।)

मृतांगार : (**स्वगत**) ठीक ही कहा गया है कि कुबेर भी यदि व्ययशील हो जाए तो जल्दी ही दरिद्र हो जाएगा। इसी से मैं मानता हूँ कि याचकों को धन नहीं देना चाहिए, भले ही प्राण दे दो।

स्नातक : हे महाब्राह्मण! श्री भगवान विश्वनगर आपके घर में भिक्षा प्राप्त करना चाहते हैं।

मृतांगार : (**स्वगत**) अरे रे, बड़ा दुर्भाग्य है! यह समस्त नगरी को छोड़कर जो धूमकेतु हम पर आ गिरा है, उससे कैसे बचा जाए? (**प्रकट में विनयपूर्वक**) यह तो उचित ही है कि आप जैसे निष्पाप पवित्र महानुभाव भिक्षा के लिए घूमते हुए स्नेहपूर्वक हमारे द्वार आए। आपके आने से हमारा गृह पवित्र हो गया है। परंतु, मेरे पड़ोसी की पत्नी ने हाल ही में पुत्र को जन्म दिया है, अतः मेरा घर अशुद्ध है। आपको दूसरे स्थान जाना होगा।

विश्वनगर : (**स्वगत**) आह, इस दुरात्मा का यह झूठा व्यवहार! मैं सब समझता हूँ। (**प्रकट**) आयुष्मन, आश्वस्त रहिए। हम संन्यासियों को सूतक का दोष नहीं लगता। जैसे सर्वव्यापी वायु को स्पर्श

का दोष नहीं, सर्वदाहक अग्नि को दहन का दोष नहीं, जलप्रवाह को मल और विष्टा का दोष नहीं, वैसे हम संन्यासियों को अन्न का दोष नहीं लगता।

मृतांगार : **(विनयपूर्वक)** भगवन्, यदि ऐसा भी हो, तब भी मेरे लिए संभव नहीं होगा। देखिए, अनावृष्टि के कारण खेती नष्ट हो गई, और राज्य-विप्लव के कारण ऋण में दिया हुआ धन भी चला गया। लाभ न होने से व्यापार भी ढीला रहा, तो भला आपके कलेवे की व्यवस्था कहाँ से हो?

स्नातक : धिक्! तू धर्माचार की उपेक्षा करता है। अरे दुष्ट ठाकुर, ऐसी कड़ी धूप में तुझ महाधनी से भी भिक्षा न मिलने पर कहाँ जाएँ?

गीत : भिखिया दे दो, ठाकुर, कुछ सोचो। भिखिया दे दो।
थोड़ा विचारो भूखे अतिथि हैं
हमको न टालो हम तो पथिक हैं
हाय भोजन दे दो, कुछ तो सोचो।
भोजन कराओ, न बात बनाओ
कवि शेखर कहे घर में सुलाओ
हाय कहाँ जाएँ यह जलती दुपहरी
हाय भिखिया दे दो, ठाकुर, कुछ सोचो।

मृतांगार : भगवन्, मेरे घर के उत्तर में सुरतप्रिया नाम की संन्यासिनी रहती है। आपको वहीं जाना चाहिए।

(ऐसा कहकर चला जाता है।)

विश्वनगर : सुरतप्रिया! यदि ऐसा है तो हमारा मनचाहा ही हो गया। तब आओ न, वहीं चलें।

(ऐसा कहकर चलते हैं।)

स्नातक : **(सामने देखकर सूँघता हुआ)** भगवन्, देखिए, देखिए! सामने के मकान से मल्लिका एवं कुंदपुष्पों की सुंगध आ रही है। लगता है, यही सुरतप्रिया का घर है।

विश्वनगर : लोग कहते हैं कि यह संन्यासिनी बड़ी बुद्धिमती है। तो आओ चलें। **(ऐसा कहकर ठहरते हैं।)**

(सुरतप्रिया प्रवेश करती है।)

गीत :

आइल हे रे सुरतप्रिया।
लूट खाय परधन तिरिया।
कुश कमंडल चूड़ा-साँख
काकन बाँह गरे रुदराख
चंदन बेंदी सजी सुललाट।
पथिक ठगै यह बैठी बाट।
आइल हे रे सुरतप्रिया।
सुनिकै सुरतप्रिया की रीत
हँसौ सबै तुम करिकै प्रीत
आइल हे रे सुरतप्रिया।
लूट खाय परधन तिरिया
आइल हे रे सुरतप्रिया।

सुरतप्रिया : (**स्वगत**) मुझे धर्म इष्ट नहीं है। उससे बहुत कष्ट होता है। धर्म से मोक्ष मिलता है, यह सत्य है। लेकिन कामदेव की कलाओं का कोष प्राप्त करने में तो धन ही समर्थ है।

स्नातक : आर्ये, आपके अतिथि रूप में भगवन् विश्वनगर पधारे हैं।

सुरतप्रिया : (**घूमकर देखती है। स्वगत**) तो पास जाती हूँ। (**पास जाकर**) भगवन्, प्रणाम।

विश्वनगर : (**प्रसन्न होकर**) आपका दर्शन मेरे सौभाग्य का विषय है।

सुरतप्रिया : प्रभुवर, आपकी कृपा—

विश्वनगर : शीघ्र ही होगी।

सुरतप्रिया : प्रभु आज्ञा दें, क्या प्रस्तुत करूँ?

विश्वनगर : शुभे, आपके लिए क्या है जो हमें अदेय है। फिर भी अभी तो भिक्षा ही दें।

सुरतप्रिया : तो फिर यह बताइए, प्रभु, कैसी भिक्षा, किस समय, कौन-से अन्नों की?

विश्वनगर : (**सहर्ष**) सुनिए। मांस, मछली, मट्ठा, कढ़ी, सब्जी, बड़ी, खीर, स्वादिष्ट दूध, दही, केला, चीनी—यह मैंने संक्षेप में बतला दिया। शीघ्र भिक्षा का प्रबंध करें।

गीत :

भिखिया मोरि कराओ, भिखिया मोरि रे आ।
मांस मांछ दहिबड़ा बनाओ
परवल साग सजाओ। भिखिया...
मुद्गल मिष्टी शक्कर केला
सोंधा दूध पिलाओ। भिखिया...
कवि शेखर यह गावै
मोहै अपनाओ रे आ।
भिखिया मोरि कराओ।

सुरतप्रिया : **(हँसकर, स्वगत)** यह महात्मा तो इस योग्य हैं कि इन्हें आत्म-समर्पण कर दूँ। यहाँ ये देवराज इंद्र की कृपा से ही पहुँचे हैं। **(प्रकट)** यह शरीर विरह से पीड़ित है। प्राण ही सब धर्मों का सार हैं, इसलिए हे उदार-कीर्ति! मेरा सर्वस्व आपका है। घर में प्रवेश करके, विश्राम करें। मैं भिक्षा का प्रबंध करती हूँ। **(जाने लगती है।)**

स्नातक : **(उपहासपूर्वक)** भगवन्, देखिए तो, इसके बाल पक चुके हैं, गाल लटक गए हैं, स्तन ढीले पड़ गए हैं, नितंब सूख गए हैं, फिर भी मुस्करा-मुस्कराकर बोलती है, और नयन-बाण चलाती है। यह वृद्धा तापसी कैसी दुष्टा है।

गीत :

यह संन्यासिन सुरतप्रिया
बात बतावति ठगति जिया।
यह देख अचंभा।
पिचके गाल गले तक लटके
पक गए बाल पयोधर सूखे
तबहुँ न छोड़े कामकला।
यह देख अचंभा।
मिथ्या रूप तपस्विनि जाना
तुम्हरे हँसिकर लेहै प्राना।
कैसी देखो अजब बला।
हाँ, देख अचंभा।

कविशेखर जोतिक यहु गावैं।
राय हरिसिंह भाव बुझावैं।
यह संन्यासिनि सुरतप्रिया
बात बतावति ठगति जिया।
हाँ, देख अचंभा।

विश्वनगर : धिक् मूर्ख! पागलों-सा क्यों बकता है! (**सुरतप्रिया से**) शुभे, पाकशाला की ओर चलो, मैं भी आता हूँ।

सुरतप्रिया : जैसी आज्ञा।

(**ऐसा कहकर निकल जाती है।**)

स्नातक : जब तक भिक्षा का आयोजन हो, प्रभु यहीं ठहरें। मैं अनंगसेना का हाल जानकर शीघ्र ही लौटता हूँ।

विश्वनगर : अनंगसेना! वत्स, दोनों साथ ही जाएँगे।

(**दोनों मंच पर घूमते हैं।**)

स्नातक : भगवन्, सुना है मूलनाशक नाई के घर के पास अनंगसेना का निवास है, चलिए, वहीं उसे खोजते हैं। (**सामने देखकर**) भगवन्, देखिए, यह सामने अप्सरा-रूपिणी अनंगसेना दीख रही है।

विश्वनगर : चलो, उसके पास चलते हैं।

(**एक ओर हो जाते हैं। अनंगसेना प्रवेश करती है।**)

गीत :

कैसन कलावती नारि रे आ।
रूप बटोरि के सब लै आयी सुनयना
चंद्रमुखी देखि सुभग मुख-मंडल,
मुगध भगव भये भूले सुधि सारी
कैसन कलावती नारि रे आ।
कहे कवि शेखर एकहि बतिया
हरि के भगत भये गणेसहि रसिया
कैसन कलावती नारि रे आ।

स्नातक : (**पास जाकर**) भगवन्, देखिए अनंगसेना की रूपश्री। नीले कमल-दल के समान लुभावने नेत्र, पूर्णचंद्र के समान मुख, उत्तुंग स्तन-भार से क्षीण कटि, मस्त हाथी की चालवाली, यह

बाला सौंदर्य-शोभामयी है। कामदेव को लुभाने वाली शृंगार-संजीवनी है।

विश्वनगर : **(स्वगत)** जिसके नेत्र अंजन से और कटाक्षों से परिपूर्ण हैं, मुस्कराता कमल-मुख है, जो विलास का केंद्र है, जिसके रोम तक आकर्षक हैं, उस सुंदरी नायिका को आज साकार देख रहा हूँ। जिसका मुख कमल की भाँति है, नेत्र दो नील कमलों जैसे, नखों और दाँतों की सुंदर पंक्तियाँ अक्षर, और रोमावली दूर्वा की भाँति है, और जिसके हाथ हैं श्वेत कमल—इसके अंग-प्रत्यंग कामदेव की पूजा में अर्पित करने योग्य हैं। **(अनंगसेना को लक्ष्य करके)** नित्य प्रति जो तप किया, तीर्थयात्राएँ कीं, पुरुषोत्तम की पूजा की, उसी से यह परम फल प्राप्त हुआ है। इसके आगे क्या तो शास्त्र की चर्चा, क्या स्वर्ग, और क्या मोक्ष!

(कामावस्था का नाट्य करते हैं।)

गीत :

रूप तोहरे रीझ गयल हम
पियरवा कैसे तोहे रिझाय लें।
नाहिं भगति में लगे मोर मन पियरवा
हमका आपन बनाय ले।
मोक्ष में न अब सुख कोई
ध्यान न परम पद देई
पियरवा आपन साथ दिलाय ले।
रूप तोहरे...

स्नातक : **(स्वगत)** यह लंपट तो नेवले के बिल में साँप की तरह प्रविष्ट हुआ है। इसे चालाकी से टालूँगा। **(प्रकट)** अरे भगवन्! आप तो मोक्षरस के अनुरागी हैं। रतिरस के मोह में क्यों आत्मनाश करते हैं! इस दुष्ट गणिका के चक्कर को छोड़ें, महाराज!

विश्वनगर : **(उपेक्षापूर्वक)** वत्स! तुम कुछ नहीं समझते। जब तक मृगनयनी की कटाक्षपूर्ण दृष्टि नहीं पड़ती, तभी तक ज्ञानियों के चित्त में विवेक ठहर पाता है।

अनंगसेना : **(हँसकर)** प्रभु, मैं तो धन की दासी हूँ। इस प्रकार के प्रेम-वाक्य

तो अरण्यरोदन हैं मेरे लिए। इनमें अपने को न भरमाएँ।

विश्वनगर : संन्यासी के पास धन कहाँ, रूपवती! हम तो शरीर से ही सुख दे सकते हैं? **(सप्रेम)** सुंदरी! कमल-नाल जैसी सुकोमल बाँहोंवाली! लावण्यमयी! मुझ पर दृष्टि तो डालो। तुम्हारे मुख-कमल से आकर्षित यह दीन संन्यासी कामसिंधु में डूब रहा है।

स्नातक : भगवन्, यह क्या कहते हैं? आप तो संसार सुख से विरक्त हैं।

अनंगसेना : भगवन्, यह उचित नहीं। आपके समान विरागी साधु शब्द और अर्थ को समझकर मोक्ष प्राप्ति का प्रयास करते हैं। राग-द्वेष से प्रभावित वेश्याएँ तो साधुओं के लिए मदिरा के समान हैं। यह उचित नहीं है। आप कामसिंधु में क्यों डूबते हैं?

विश्वनगर : प्रिये, मुझे, मेरे शरीर को—स्वीकार करो। **(आँचल पकड़ता है।)**

स्नातक : **(सहसा पास आकर)** अरे, तेरा परलोक नष्ट हो! दुष्ट परिव्राजक! मेरे संबंध से तो यह तेरी बहू हुई। इसे छोड़ दे!

विश्वनगर : धिक् मूर्ख! यह हमारी प्रिया, मेरे संबंध से तो तेरी माता के समान है।

स्नातक : **(सक्रोध)** अरे रे लंपट! ऐसा बोलेगा तो वह डंडा मारूँगा कि पके तरबूज की तरह तेरा सिर टुकड़े-टुकड़े हो जाएगा।

(दोनों झगड़ने लगते हैं।)

अनंगसेना : **(स्वगत)** कैसे धूर्तों के हाथ पड़ गई हूँ! तो ऐसा करूँ—**(सोचकर)** अरे महाभागो! अपने इस विवाद को न्यायाधीश असज्जाति मिश्र के सामने प्रस्तुत करके सुलझा लो!

विश्वनगर : प्रिये, यही ठीक रहेगा।

स्नातक : प्रिये, मैं दस टंकण देता हूँ, उनको लेकर मेरा मनवांछित करवाओ। **(गाँठ दिखाता है।)**

विश्वनगर : टंकण दिखाना बंद करो। चलो, न्यायाधीश के पास चलो।

(सब चले जाते हैं।)

द्वितीय अंक

(असज्जाति मिश्र और विदूषक बंधुवंचक प्रवेश करते हैं।)

मिश्र : **(प्रसन्न मन से)** वत्स बंधुवंचक, आओ, सुनो ज्ञान की बातें। त्रैलोक्य में भोजन श्रेष्ठ है, और उससे बढ़कर है रति का आनंद। जीवन न तो भोजन के बिना रह सकता है, न रति के बिना। यही अध्ययन करना है।

बंधुवंचक : जैसी मिश्र की आज्ञा।

मिश्र : सुंदरी का अधरपान, केलिक्रीड़ा के समय अलस नेत्रों से उसका देखना, और आलिंगन में बाँधना, यही संसार का सार है। बिना किसी विकल्प के इसे अपने मन में धारण कर लो। तुम्हें विवाद में फँसी मति और ग्रंथों की कथरी ढोने से क्या काम?

बंधुवंचक : हे मिश्र! पर-स्त्री के संभोग से बढ़कर है दूसरे के घर में सेंध लगाकर धन चुराना। यही त्रिभुवन का सार है। देखो न, व्यापार क्यों किया जाए? उसमें अगर अपने धन का नाश हो जाए तो दुःख होगा। कृषि किस लिए? जोतने का श्रम क्यों किया जाए? मरण के समान कष्टकर श्रम और चिंता उत्पन्न करनेवाली विद्या से क्या लाभ है? इसी से कहता हूँ त्रिलोकी का एक ही सार है—दूसरे का धन चुराना और जुआ खेलना। अरे मिश्र। धूर्त्तपुर नगर में जैसे तुम गुरु हो वैसा ही मैं चेला हूँ।

मिश्र : अरे, इस नगर में हमारे-जैसे विरक्तों का जीवन निरर्थक हो रहा है। आठ दिन हो गए, इस नगर में न तो कोई न्याय माँगनेवाला है, न कपटपूर्ण दान को लेकर कोई उपालंभ हुआ और न ही गणिका-संबंधी कोई विवाद सामने आया।

नेपथ्य से आवाज : निवेदन सुनें, मिश्र के द्वार पर न्याय के लिए दो वादी खड़े हैं।

मिश्र : वत्स बंधुवंचक, वादियों को ले आओ।

(विदूषक जाकर विश्वनगर, स्नातक और अनंगसेना के साथ आता है।)

मिश्र : **(उनको देखकर, स्वगत)** यह कौन झंझट खड़ा हो गया!

(**प्रकट**) भगवन्, हम तो यहाँ आगंतुक ही हैं। यहाँ रहते नहीं, इसलिए आपको भिक्षा तो नहीं मिल सकेगी।

बंधुवंचक : अरे मिश्र! ये तो वादी हैं। इन्हीं के वाद पर आपको विचार करना है।

मिश्र : (**खुश होकर, गर्वपूर्वक**) प्रभु के लिए और स्नातक के लिए आसन ले आओ।

(**विदूषक वैसा ही करके सबको बिठाता है।**)

मिश्र : कौन वादी है और कौन प्रतिवादी?

स्नातक : इस अभियोग में आपका शुल्क देनेवाला मैं वादी हूँ।

मिश्र : न्यायवादियों के लिए पहले तो शुल्क, उसके बाद उत्तर-प्रत्युत्तर।

विश्वनगर : मेरा तो संन्यास-दंड ही शुल्क है।

स्नातक : यह गाँजे की पोटली है। इसे मैं शुल्क के रूप में प्रस्तुत करता हूँ।

मिश्र : (**प्रसन्न होकर ग्रहण करता है और सूँघता है।**) गाँजा! इसका तनिक भी उपयोग निद्रा लानेवाला, भूख लगानेवाला, बुद्धि और काम-शक्ति बढ़ानेवाला है। (**फुसफुसाकर**) यह गाँजा मुझे आज दैववश ही मिल गया।

विश्वनगर : यह सुंदरी वेश्या जिसे सभी कामी चाहते हैं, यह मेरी वल्लभा है और यह स्नातक हमसे इसे छीनना चाहता है।

मिश्र : (**अभियोग को भूमि पर लिखकर**) स्नातक! तत्काल उत्तर दो।

स्नातक : इसको तो पहले मैंने ही टंकण देकर देखा था। इस मेरी वल्लभा के ऊपर इसने अपनी नीयत लगाई है।

मिश्र : उत्तर लिखो।

विदूषक : अरे मिश्र! अनंगसेना की रूपश्री तो देखो। चंद्रमुखी है, कमलनयनी है, और चंचल क्रीड़ावती है, स्तनों के भार से कटि कृश हो गई है, मुख की शोभा है जैसे नवोदित चंद्र हो।

मिश्र : (**अनंगसेना को देखकर**) अहो, विधाता की निर्माण-कुशलता! चंचल खंजनों की भाँति काले नेत्रों और संपूर्ण चंद्रमा के समान मुखवाली यह बाला तीनों लोकों में दिव्य है। मुझे लगता है संसार में कामदेव की कीर्ति के समान उज्ज्वल है। हे वादियो, विवाद में फँसी हुई अनंगसेना को जय-पराजय के

निर्णय तक मध्यस्थ के पास रख दो। और इस प्रकार मध्यस्थता के लिए हमको राजा ने नियुक्त किया है। **(अनंगसेना को अपने पास बिठाकर, उसके हाथ को अपने हृदय पर रखते हुए)** खिले हुए कमलों-सा कोमल और चंद्रकला-सा सुशीतल, कस्तूरी और चंदन की भाँति सुगंधित, इसका यह कोमल हाथ मेरे मदन-ताप को हरता है। **(क्षणभर विचारकर जोर से हँसता है।)** हे वादियो, इस राज्य में तुम्हारा विवाद मानो सर्पों का विवाद है। न यह तुम्हारी है, न तुम्हें मिलेगी। मेरे पास बैठी है सुंदरी, तो यह मेरी ही है। मैं इससे पहले स्वप्न में क्रीड़ा कर चुका हूँ, इसलिए यह निश्चय ही मेरी वल्लभा है।

गीत :

तोहरि नहि रे भगव सनातक
तोहरि नहिं रे नारी।
हमरी है हमरे लग बैठल
परतख लेहु बिचारी।
पर दिन सपने हम अवलोकल
तबसे हम पहचाने
हारे सनातक भाव दो जन
असज्जाति के थाने।
तोहरि नहि रे भगव सनातक
तोहरि नहिं रे नारी।

विदूषक : **(जनांतिक)** हे सुंदरी। यह मिश्र तो बूढ़ा है, साधु निर्धन है, और स्नातक चंचल स्वभाव वाला। अतः इनका समागम छोड़कर मुझसे समागम करो। तुम्हारा यौवन सफल होगा।

अनंगसेना : अरे रे! यह तो धूर्त्तसमागम प्रहसन ही हो गया।

विश्वनगर : चलो वत्स, जोंक के शरीर में जोंक नहीं लगती। इसे छोड़ो, सुरतप्रिया के घर चलें।

गीत :

अरे रे सनातक देख तू आपन कुबुद्धि
हाथक रतन हेरायल मोर।
तुमहिं विचार करायो यहँ आनि

देखत ही धन लै गये चोर।
केहि कर होइ नारि यह अनुरागी रे
मिसिर के थाने केहिका जोर।
अरे रे सनातक देख तू आपन कुबुद्धि
अनंगसेना हरि लेल धूर्त्त असज्जाति।

(दोनों चले जाते हैं। तब अर्धपटी हटाकर मूलनाशक प्रवेश करता है।)

मूलनाशक : अरे अनंगसेना! तुम्हारा चरित्र तो खूब समझ लिया। बार-बार तुम्हारे शरीर का उबटन किया। नख-शिख सँवारे और उसके लिए शुल्क माँगा, पर तुमने कभी दिया नहीं। अब तो दे डालो। नहीं तो तुम पर मुकदमा चलाऊँगा।

अनंगसेना : मूलनाशक! अभी असज्जाति मिश्र के सामने तुम्हारा मुकदमा रखती हूँ। तनिक शांत तो हो जाओ।

विदूषक : यह कौन दुष्टदर्शन, दुष्टचरित्र, दुष्टवचन है?

मिश्र : यह क्या भगवान अगोचर हैं? देखो तो, होंठ और नाक कटे हुए हैं, गला घेंघे के कारण एक ओर झुका है, बाईं आँख से काना है, एक हाथ गला हुआ है, दाहिनी आँख में फूली पड़ी है।

(मूलनाशक सामने आता है।)

नेपथ्य से : यही वह मूलनाशक नाई है।

मिश्र : मूलनाशक, पहले मेरे नाखून और रोम काटो।

मूलनाशक : पहले इसका शुल्क दो।

मिश्र : क्यों? पहले क्यों?

मूलनाशक : यदि तुम काटने के बीच मर गए तो शुल्क कौन देगा?

मिश्र : परिहास रहने दो। अच्छा, लो यह पुरस्कार! **(पोटली निकालकर गाँजा देता है।)**

(मूलनाशक खुश होकर सूँघता है। कुछ प्रयोग करता है और मिश्र के हाथ-पाँव बाँध देता है।)

मिश्र : **(दुःखपूर्वक)** मेरा हृदय डूबा जा रहा है और चित्त पर मूर्छा छा रही है। समूची देह में मानो कीकर की-सी गाँठें फूट आई हैं। अरे मूलनाशक, यह क्या कर रहे हो, मेरा तो जीवन ही

समाप्त हो रहा है। **(मूर्छित हो जाता है।)**

मूलनाशक : **(उसे हिलाकर)** अरे, क्या असज्जाति मिश्र मर गया? अच्छा अनंगसेना, तू शुल्क तो क्या देगी, चल मेरे साथ। **(खींचकर ले जाता है।)**

विदूषक : **(मिश्र के बंधन खोलता है)** अरे मिश्र! आज्ञा करो! और भी कुछ तुम्हारा प्रिय हो तो करूँगा।

मिश्र : **(होश में आकर)** सारा राष्ट्र कपट से भरा है। धूर्त-क्रियाएँ फैल रही हैं। ऐसे में एक तुम विनीत शिष्य मिल गए हो, इससे अधिक मुझे और कुछ प्रिय नहीं।

(भरतवाक्य)

गीत :

बादल सदा समय पर बरसें।
धरा अन्न से भरी रहे
राजा हों जन के परिपालक।
और सुजन हों सभी प्रजा
मोहहीन हों सब संन्यासी।
ब्राह्मण वेदोच्चार करें
बादल सदा समय पर बरसें।

निर्देशकीय वक्तव्य

छठे दशक को आधुनिक हिंदी रंगमंच के छोटे मगर दिलचस्प इतिहास में स्वर्णिम कहा जाता है, कई कारणों से। उन कारणों में एक उस समय नए आलेखों की प्राप्ति और उनका मंचन है। 1962 में जब बोधायन के संस्कृत प्रहसन **भगवदज्जुकम्** का नेमिचंद्र जैन का हिंदी अनुवाद आया तब लगभग चौंकानेवाली-सी एक खोज थी यह। हिंदी रंगजगत को एक सर्वथा नया नाटक तो मिला ही, संस्कृत प्रहसन के स्वरूप, अवधारणा और विशिष्ट नाटकीय संरचना से निर्देशकों और रंग-दर्शकों का आकस्मिक साक्षात्कार हुआ। उस साक्षात्कार के फलस्वरूप **भगवदज्जुकम्** के तब से आज तक अनेक स्थानों और भाषाओं में प्रदर्शन—केरल के कावालम नारायण पणिक्कर द्वारा कूडिआट्टम् और कथकलि शैली में इनका निर्देशन, और हाल ही में राष्ट्रीय नाट्य विद्यालय द्वारा कश्मीर में आयोजित रंगशिविर में इसका कश्मीरी भाषा में मंचन—इस तथ्य को स्थापित करते हैं कि हिंदी रंगमंच के लिए यह एक महत्त्वपूर्ण उपलब्धि थी।

लगभग उसी अवधि में भारतेंदु हरिश्चंद्र के **अंधेरनगरी** प्रहसन की सफल रंग-प्रस्तुतियाँ सामने आईं, जिसकी एक महत्त्वपूर्ण परिणति ब. व. कारंत द्वारा 1978 में राष्ट्रीय नाट्य विद्यालय के छात्रों द्वारा प्रदर्शन में हुई। इन दोनों नाटकों के रचना-काल में लगभग एक हज़ार वर्ष का अंतराल है। इस अवधि में न जाने कितने ऐसे प्रहसन लिखे गए होंगे। बहरहाल, सन् 1957 में ही एक और नाटक मिला, **धूर्तसमागम,** कवि ज्योतिरीश्वर कृत, जो **भगवदज्जुकम्** के बहुत करीब है, प्रहसन है, और साथ ही संगीतक भी।

1957 में इस आलेख की खोज एक नितांत साहित्यिक खोज थी जिसके आधार पर इसे संस्कृत तथा भाषा-नाटकों के बीच एक महत्त्वपूर्ण कड़ी माना गया। यह पहला ऐसा नाटक है जिसमें संस्कृत और प्राकृत के संवादों के साथ मैथिली गीतों का प्रयोग किया गया है।

धूर्त्तसमागम की हिंदी में प्रथम प्रस्तुति श्रीराम सेंटर के तलघर में 21, 22 जुलाई, 1981 को प्रयोग नाट्य संस्था के अभिनेताओं को लेकर हुई। प्रयोग दिल्ली की गिनी-चुनी नाट्य-संस्थाओं में है, जो लगभग सात वर्षों से सक्रिय है, और एम. के. रैना के निर्देशन में दिल्ली के दर्शकों के बीच नए, सार्थक और प्रयोगात्मक नाटक देने की पहचान बना चुकी है। इसी से जब मैंने श्री रैना के सम्मुख प्रयोग के तत्त्वावधान में **धूर्त्तसमागम** निर्देशित करने का प्रस्ताव रखा तो उन्होंने इसे सहर्ष स्वीकार किया। इसका हिंदी अनुवाद मेरी माँ इंदुजा अवस्थी ने किया और मैथिली गीतों का सरलीकरण डॉ. दशरथ ओझा की सहायता से मैंने। मैथिली गीतों को अवधी, भोजपुरी बोलियों की छटा मैंने इस दृष्टि से दी कि वे दिल्ली के दर्शकों के लिए संप्रेषणीय हो सकें।

प्रस्तुति में नौ गीत रखे गए जिनकी संगीत-रचना मुझे ही करनी थी। चूँकि संगीत की मेरी कोई औपचारिक शिक्षा नहीं है, इसी से बिहार और पूर्वी उत्तर प्रदेश के लोकगीतों को (संगीत नाटक अकादमी के सौजन्य से) सुनकर मैंने सात गीतों की धुनें बनाई और शेष दो गीतों की धुनों के लिए श्री ब. व. कारंत की सहायता ली। नाटक के संगीत पर मैं इसलिए इतने विस्तार से बात कर रहा हूँ, क्योंकि न केवल यह मूल आलेख का केंद्रीय तत्त्व है, बल्कि जो शैलीबद्ध गति-विधान मैंने प्रस्तुति में अपनाया, उसमें भी गीतों की धुनों का नाटकीय होना अपेक्षित था।

मुझे यह नाटक मूलतः एक ऑपेरा लगा जो **भगवदज्जुकम्** जितना तो सशक्त प्रहसन नहीं है, पर जिसमें एक एब्सर्डिटी है जो बेहद आधुनिक लगती है। साथ ही इस नाटक में उस पूरे युग की एक अजीब झलक भी हमें मिलती है—एक ऐसे कथानक द्वारा जो निहायत ऊल-जलूल है मगर क्लासिक। अन्य प्रहसनों की तरह इस प्रहसन के चरित्र भी 'टाइप' हैं, लेकिन नाटकों के ढाँचे में जो एब्सर्डिटी है, वह इसको अपने आप बहुत प्रासंगिक बना देती है। इसके पूरे ताने-बाने में एक ढीलापन है जो इसे लोकनाट्य के निकट लाता है।

निर्देशन के दौरान आशु-अभिनय और गैर-यथार्थवादी अभिनय की जरूरत मुझे महसूस हुई। पूरे प्रदर्शन-विधान में मैंने खुलापन, आकस्मिकता और स्वच्छंदता रखी, जैसी उत्तर भारत के किसी भी कस्बे के सड़क-चौराहे पर होने वाले खेल-तमाशे में होती है। वेशभूषा के नियोजन में ऐसी बेतरतीबी थी कि लगे नाटक कोई लोकमंडली खेल रही है। रूपसज्जा को अतिरंजित और शैलीबद्ध रखा ताकि नाटक के टाइप चरित्र और अधिक टाइप लगें—ऐसे टाइप जो उस युग के तो हों ही, समयातीत और सार्वभौम प्रतीत हों।

कार्तिक अवस्थी

●●●